Descubramos
ARGENTINA

Kathleen Pohl

Consultora de lectura: Susan Nations, M.Ed.,
autora/consultora de alfabetización/consultora de desarrollo de la lectura

Gareth Stevens
Publishing

Please visit our Web site at www.garethstevens.com.
For a free color catalog describing Gareth Stevens Publishing's list
of high-quality books, call 1-800-542-2595 (USA) or 1-800-387-3178 (Canada).
Gareth Stevens Publishing's fax: 1-877-542-2596

Library of Congress Cataloging-in-Publication Data available upon request from publisher.

ISBN-10: 0-8368-8779-4   ISBN-13: 978-0-8368-8779-2 (lib. bdg.)
ISBN-10: 0-8368-8786-7   ISBN-13: 978-0-8368-8786-0 (softcover)

This edition first published in 2008 by
Gareth Stevens Publishing
A Weekly Reader® Company
1 Reader's Digest Road
Pleasantville, NY 10570-7000 USA

Senior Managing Editor: Lisa M. Guidone
Senior Editor: Barbara Bakowski
Creative Director: Lisa Donovan
Designer: Tammy West
Photo Researcher: Kimberly Babbitt

Spanish edition produced by A+ Media, Inc.
Editorial Director: Julio Abreu
Chief Translator: Adriana Rosado-Bonewitz
Associate Editors: Janina Morgan, Rosario Ortiz, Bernardo Rivera, Carolyn Schildgen
Graphic Designer: Faith Weeks

Photo credits: (t=top, c=center, b=bottom)
Cover Nicolas Russell/Getty Images; title page Pablo Corral Vega/Corbis; p. 4 Jon Hicks/Corbis;
p. 6 Michael Lewis/Corbis; p. 7t Joseph Sohm/Corbis; p. 7b Fulvio Roiter/Corbis; p. 8 David R. Frazier/
Alamy; p. 9t Therin-Weise/Arco Images/Peter Arnold; p. 9b Michele Falzone/JAI/Corbis; p. 10t SuperStock;
p. 10b Marianna Day Massey/Corbis; p. 11t Sarah Murray/Masterfile; p. 11b Juncal/Alamy; p. 12 Achim Pol/
Peter Arnold; p. 13 Achim Pol/Peter Arnold; p. 14 SuperStock; p. 15t Masterfile; p. 15b Natacha Pisarenko/
AP Images; p. 16 T. Ozonas/Masterfile; p. 17. SuperStock; p. 18 Wolfgang Kaehler/Corbis; p. 19t Brand X/
SuperStock; p. 19b Eric Ghost/Alamy; p. 20t Alison Wright/Corbis; p. 20b John E. Kelly/Jupiter; p. 21 John Hicks/
Corbis; p. 22 Neil Beer/Corbis; p. 23t Tim Brakemeier/dpa/Corbis; p. 23b Hubert Stadler/Corbis; p. 24 Chad Ehlers/
Jupiter; p. 25t Angelo Cavalli/Getty Images; p. 25b Paul Souders/Corbis; p. 26 Comstock/Jupiter; p. 27t Getty Images;
p. 27c SuperStock; p. 27b Robert Frerck/Getty Images

Printed in the United States of America

1 2 3 4 5 6 7 8 9 11 10 09 08 07

Contenido

Las palabras definidas en el glosario están impresas en **negritas** la primera vez que aparecen en el texto.

¿Dónde está Argentina?

Argentina es el segundo país más grande del **continente** de Sudamérica. Sólo Brasil es más grande. Argentina comparte su frontera con cinco países. Chile está al oeste y Bolivia y Paraguay están al norte. Los vecinos al noreste de Argentina son Brasil y Uruguay. Al este, Argentina linda con el océano Atlántico.

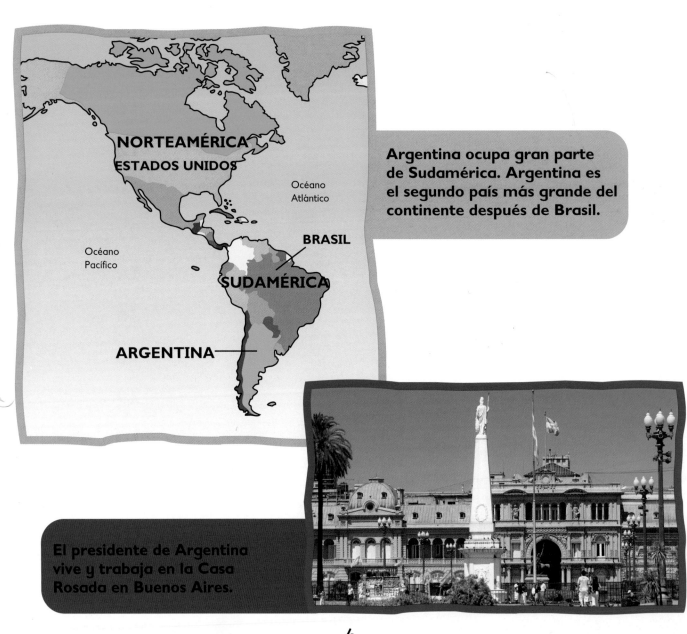

Argentina ocupa gran parte de Sudamérica. Argentina es el segundo país más grande del continente después de Brasil.

El presidente de Argentina vive y trabaja en la Casa Rosada en Buenos Aires.

Buenos Aires, la capital, es la ciudad más grande de Argentina. Este puerto activo es una ciudad moderna como Nueva York o París. Tiene centros de gobierno, edificios de apartamentos, oficinas, museos y parques.

Argentina también incluye la mitad de la isla de Tierra del Fuego en el sur.

En este mapa se muestran todos los lugares mencionados en este libro.

¿Lo sabías?

El pueblo de Ushuaia está en Tierra del Fuego. Es uno de los pueblos más al sur del mundo.

El paisaje

Argentina tiene **planicies** de pastizales y altas montañas. También tiene cascadas, y **glaciares** helados.

Las tierras bajas del norte incluyen dos áreas conocidas como Gran Chaco y Mesopotamia. El Gran Chaco está seco la mayor parte del año. El área está cubierta de árboles bajos y arbustos. Se encuentra entre los Andes y el Río Paraná. Mesopotamia se encuentra entre los ríos Paraná y Uruguay. Es una tierra de labranza, pastizales y bosques cenagosos.

¿Lo sabías?

El Aconcagua, en los Andes, es la montaña más alta de Norte y Sudamérica.

El Aconcagua es un volcán que ya no está activo. Hace mucho era más alto pero su cima se ha desgastado.

Cientos de cascadas forman esta catarata. Para verla, se puede llegar a pie o en botes.

Grandes ranchos ganaderos cubren gran parte de los pastizales de las Pampas.

En el centro de Argentina están las **Pampas**. Estos pastizales grandes tienen parte de las mejores tierras de cultivo del mundo.

Los Andes se elevan en la frontera occidental de Argentina. Al sur está la Patagonia, una planicie alta y ventosa.

Clima y estaciones

¿Sabías que el verano ocurre en diferentes épocas en las distintas partes del mundo? En Estados Unidos el verano es en junio, julio y agosto. En Argentina, es en diciembre, enero y febrero, cuando en la mayor parte de Estados Unidos hay tiempo frío.

En el norte de Argentina, la temperatura promedio en enero es de aproximadamente 80° Fahrenheit (27° Centígrados). Es más frío en el sur, aproximadamente 60° F (16° C).

¿Lo sabías?

Tormentas de viento o **pamperos** pueden golpear las Pampas de repente.

Muchos disfrutan de visitar el Mar del Plata. Tiene hermosas playas arenosas en la costa del Atlántico.

Bosques densos cubren la parte noreste de Mesopotamia.

Perito Moreno es uno de los trescientos glaciares helados de Argentina.

Mesopotamia, en el noreste, es cálido y húmedo. Al año recibe más de 60 pulgadas (1,520 milímetros) de lluvia. El Gran Chaco es cálido y seco. Aun así, las fuertes lluvias del verano pueden ocasionar inundaciones.

El área costera cerca de Buenos Aires es cálida y húmeda en verano y fría en invierno. Las Pampas centrales tienen inviernos secos y veranos cálidos.

En invierno, la nieve cae sobre las cimas de los Andes. Hay lugares en Patagonia tan fríos que los glaciares pueden verse todo el año.

Los argentinos

En Argentina viven cerca de 39 millones de personas. Quienes se establecieron ahí vienen de Europa. La mayoría de los pobladores llegó de España e Italia. Otros vinieron de Austria, Inglaterra, Francia y Alemania.

Algunos argentinos son **mestizos**. Sus **antepasados** eran europeos e indios americanos. En las zonas rurales de Argentina viven cerca de 50 mil indios.

Algunas familias nativas tradicionales viven en aldeas en Argentina.

Los argentinos celebran en festivales. Llevan trajes y bailan danzas folclóricas.

Hay muchas iglesias en Argentina.
Esta iglesia está en Luján.

En este puesto de Buenos Aires se venden periódicos en distintos idiomas.

Casi todos los argentinos hablan español. Es el idioma principal del país. Muchos también hablan italiano o inglés como segundo idioma.

La mayoría en Argentina es católica romana. Otros practican el protestantismo o el judaísmo.

Escuela y familia

Los niños argentinos de 6 a 14 años tienen que ir a la escuela. El año escolar comienza en marzo y termina en diciembre. Los niños van a la escuela por la mañana o por la tarde.

Los estudiantes aprenden matemáticas, ciencias, escritura, lectura, y ciencias sociales. También aprenden música, baile y a jugar fútbol, rugby y básquetbol.

¿Lo sabías?

Las escuelas públicas no tienen transporte. En algunos lugares, los niños van a la escuela a caballo.

Los estudiantes de Argentina aprenden matemáticas, ciencias, idiomas e historia. Hay más escuelas en las ciudades grandes que en el campo.

Después de la escuela, muchos niños practican deportes. El fútbol es uno de los favoritos.

Sólo pocos estudiantes terminan la secundaria y continúan con la universidad. Los estudiantes que no terminan la escuela trabajan en la comunidad o en granjas.

La mayoría de las familias son muy unidas y viven juntos hijos, padres y abuelos. A menudo celebran cumpleaños y fiestas en grandes reuniones familiares.

Vida rural

En Argentina, una de cada 10 personas vive en el campo.
La mayoría vive en las Pampas. Algunos trabajan en grandes
estancias o ranchos. Los propietarios ricos contratan a
vaqueros para que cuiden el ganado u ovejas. Se les llama
gauchos a los vaqueros. Los propietarios alquilan tierras a
los granjeros quienes cultivan trigo, maíz y soja. En general,
quienes trabajan en las estancias también viven ahí. Los niños
pueden ir a la escuela en los ranchos.

En algunos ranchos, los gauchos usan sombreros de alas anchas.
Meten sus pantalones amplios en sus botas altas.

Las estancias modernas tienen grandes manadas de ovejas y ganado.

¿Lo sabías?

Hace mucho los gauchos recorrían libremente las Pampas. Cazaban caballos y ganado salvaje.

La gente cultiva uvas en los viñedos en el área de Piedemonte.

En el área de Piedemonte los granjeros cultivan caña de azúcar y maíz. También cultivan algodón y uvas.

Pocos viven en la cordillera de los Andes o en las planicies secas de la Patagonia. La mayoría de los que viven ahí crían ovejas para obtener lana.

Vida urbana

Desde la década de 1930 mucha gente se ha mudado a las ciudades en busca de trabajo. Hoy en día, nueve de cada 10 personas viven y trabajan en ciudades y pueblos. La mayoría de las ciudades grandes están en las Pampas. Ahí la tierra es plana y el clima es templado. La mayoría de los pueblos y ciudades tienen una **plaza** principal.

¿Lo sabías?

Cada día más de un millón de personas viaja en tren para trabajar en Buenos Aires.

Autobuses, taxis y autos se agolpan en las calles de las ciudades grandes de Argentina.

16

Esta avenida de Buenos Aires es una de las más anchas del mundo.

Unas 14 millones de personas viven en Buenos Aires y sus alrededores. Es una de las ciudades más grandes del mundo. Buenos Aires tiene calles amplias, edificios altos y plazas concurridas. Es el centro gubernamental, bancario, comercial y cultural.

Córdoba es la segunda ciudad más grande de Argentina y tiene muchas **fábricas**. Rosario es un puerto con una ciudad activa.

Muchos argentinos tienen autos. Las calles de la ciudad se llenan por lo cual muchos viajan en autobús o taxi.

Casas argentinas

En las ciudades, muchos viven en edificios de apartamentos modernos o en casas de ladrillo grandes y antiguas. Otros viven en casas con patios pequeños. En el campo las casas grandes de las estancias a menudo están pintadas de blanco. Las habitaciones se construyen alrededor de un patio interior.

Una hacienda es la casa principal de un rancho o granja grande. Tiene paredes de adobe y techo de teja.

Muchas casas de campo
están construidas de
adobe o arcilla secada
al sol. La mayoría tiene
techos de teja. Algunos
campesinos pobres viven
en chozas con piso de
tierra y techos de paja.

Estas casas están hechas de
metal y madera. Están pintadas
de muchos colores.

Las casas en esta
villa de pescadores
son de madera y
piedra. Son poco
comunes. Las de
adobe son más
comunes en el
campo.

Comida argentina

¿Te gustan las hamburguesas o los bistecs? Los dos son de carne de res. En Argentina se come mucha carne de res. Algunos la comen en cada comida. A los argentinos les gusta cocinar la carne tipo barbacoa (o a las brasas) afuera.

Otras comidas favoritas incluyen estofados y pasteles rellenos llamados **empanadas**. También les gustan la pasta y la pizza.

Se sirve mate en la cáscara desecada de una fruta. Sorben la bebida por un popote (o pajilla).

Las empanadas son pasteles rellenos de carne, huevo, verduras o fruta.

20

Los argentinos suelen comer en cafés en las aceras.

A los argentinos les gusta beber **mate**. Está hecho de hojas y tallos de un árbol. Muchos beben mate por la tarde con sándwiches y postres.

A la gente de las ciudades les gusta comer en cafés y restaurantes. Les gusta probar comidas de diferentes países.

¿Lo sabías?

El mate es la bebida tradicional de Argentina. Se hace virtiendo agua hervida sobre hojas y tallos de acebo.

El trabajo

Los argentinos trabajan en restaurantes, bancos, escuelas y hospitales. Muchos tienen trabajos en turismo y arte. Algunos son dueños de negocios pequeños.

Las fábricas hacen la mayoría de los alimentos y ropa de la nación. En Buenos Aires se trabaja en plantas empacadoras de carne y en compañías de piel. Las fábricas de Córdoba hacen autos y trenes. En Rosario se trabaja en la industria petrolera. También se trabaja en plantas químicas.

Los trabajadores sacan el petróleo del suelo. Luego viaja por tuberías y tanques.

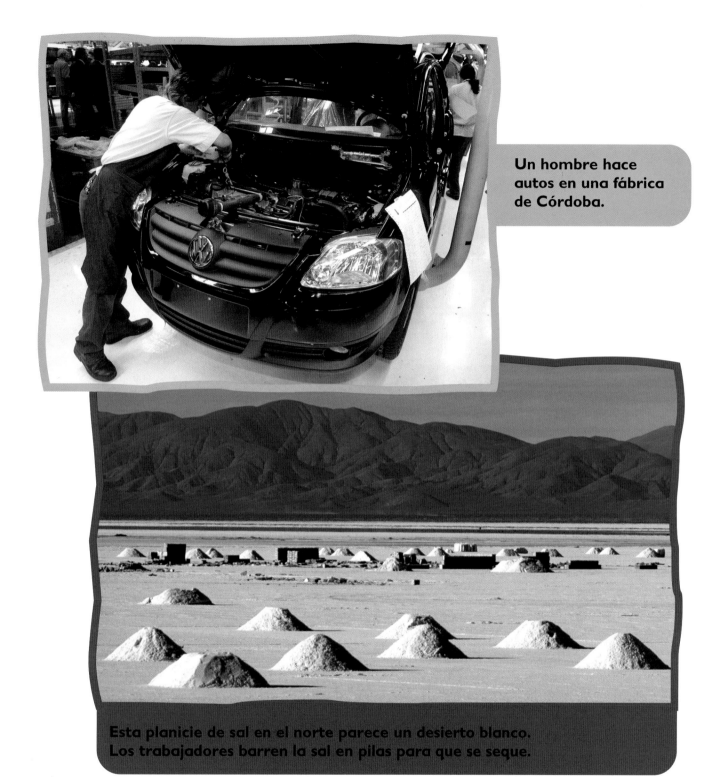

Un hombre hace autos en una fábrica de Córdoba.

Esta planicie de sal en el norte parece un desierto blanco. Los trabajadores barren la sal en pilas para que se seque.

La agricultura es una industria importante en Argentina. Argentina exporta carne, maíz y trigo a países de todo el mundo. Otros productos agrícolas importantes son frutas, algodón, papas, caña de azúcar, lana y té.

La diversión

El deporte nacional de Argentina es el fútbol. Personas de todas edades disfrutan de jugarlo y verlo jugar. Otro deporte favorito es el **pato**. Es un tipo de básquetbol a caballo. También son populares el polo, la navegación, las carreras de autos y de caballos.

Miles de aficionados ven jugar a los equipos de fútbol, el deporte preferido de Argentina.

El estilo de baile llamado tango comenzó en Argentina.

Personas observan ballenas frente a las costas del sur de Argentina.

La gente disfruta descansar en las playas arenosas, como la del Mar del Plata. Pasean en bicicleta y a pie en los parques nacionales. En invierno, la gente esquía en las montañas. Cada año, mucha gente visita el Parque Nacional de los Glaciares en la Patagonia. El parque tiene 47 glaciares grandes.

A los argentinos les gusta leer, ver televisión y películas, escuchar música en centros nocturnos y discotecas. Les encanta bailar **tango**. Es el baile nacional de Argentina. En las grandes ciudades, disfrutan de óperas, ballets y conciertos.

Argentina: Datos

- Argentina es una **república**. Su nombre oficial es República Argentina.

- El presidente de Argentina es el **jefe de estado** y el líder del gobierno. Se le elige por un período de cuatro años.

- Argentina está dividida en **provincias**. Una provincia es similar a un estado y la dirige un gobernador.

- En Argentina viven cerca de 39 millones de personas. La mayoría vive en la parte norte del país.

- Los ciudadanos argentinos de 18 años o mayores tienen que votar en las elecciones del país.

La bandera de Argentina tiene dos franjas azules y una blanca. El sol amarillo es un símbolo de la libertad de Argentina. Fue gobernada por España durante casi 300 años.

La moneda de Argentina se llama **peso**. En Argentina se usan el papel moneda y las monedas.

La Plaza de Mayo es la plaza principal pública de Buenos Aires. Muchos turistas visitan sus famosos edificios.

Glosario

adobe – ladrillos secados al sol

antepasados – miembros de la familia que vivieron en el pasado

continente – una de las principales masas terrestres de la Tierra

empanadas – pasteles rellenos de carne, verduras o fruta

estancias – grandes ranchos ganaderos de Sudamérica

fábricas – edificios donde los trabajadores hacen productos

gauchos – vaqueros de las planicies de Sudamérica

glaciares – grandes masas de hielo que se mueven lentamente por una pendiente o valle o se dispersan hacia afuera sobre una superficie de tierra

hacienda – casa de campo o construcción principal de un rancho en Sudamérica

jefe de estado – representante principal de un país

mate – bebida parecida al té hecha de hojas de acebo que crece en Sudamérica

mestizos – personas con antepasados de mezcla europea e indígena

Pampas – pastizales extensos de tierras fértiles en el centro de Argentina

pamperos – vientos fuertes y fríos del oeste o sudoeste que soplan sobre las Pampas

pato – deporte jugado en Argentina en el que los jinetes tratan de meter una pelota de seis asas por una canasta elevada

peso – moneda de Argentina

planicies – grandes áreas de tierras planas

plaza – lugar espacioso de una ciudad o pueblo

provincias – grandes divisiones de un país

república – tipo de gobierno en el que el pueblo y sus representantes toman las decisiones

tango – baile de salón lento que es el baile nacional de Argentina

Para más información

Fact Monster: Argentina

www.factmonster.com/ipka/A0107288.html

FunTrivia: Argentina

www.funtrivia.com/en/Geography/Argentina-9979.html

KidsKonnect: Argentina

www.kidskonnect.com/Argentina/ArgentinaHome.html

Nota del editor para educadores y padres: Nuestros editores han revisado meticulosamente estos sitios Web para asegurarse de que sean apropiados para niños. Sin embargo, muchos sitios Web cambian con frecuencia, y no podemos asegurar que el contenido futuro de los sitios seguirá satisfaciendo nuestros estándares altos de calidad y valor educativo. Se le advierte que se debe supervisar estrechamente a los niños siempre que tengan acceso al Internet.

Mi mapa de Argentina

Fotocopia o calca el mapa de la página 31. Después escribe los nombres de los países, extensiones de agua, regiones, islas, ciudades, montañas y glaciares que se listan a continuación. (Mira el mapa que aparece en la página 5 si necesitas ayuda.)

Después de escribir los nombres de todos los lugares, ¡colorea el mapa con crayones!

Países
Argentina
Bolivia
Brasil
Chile
Paraguay
Uruguay

Extensiones de agua
océano Atlántico
río Paraná
río Uruguay

Islas
Tierra del Fuego

Montañas y glaciares
cordillera de los Andes
Aconcagua
Perito Moreno

Regiones
Gran Chaco
Mesopotamia
Pampas
Patagonia
Piedemonte

Ciudades y pueblos
Buenos Aires
Córdoba
Luján
Mar del Plata
Rosario
Ushuaia

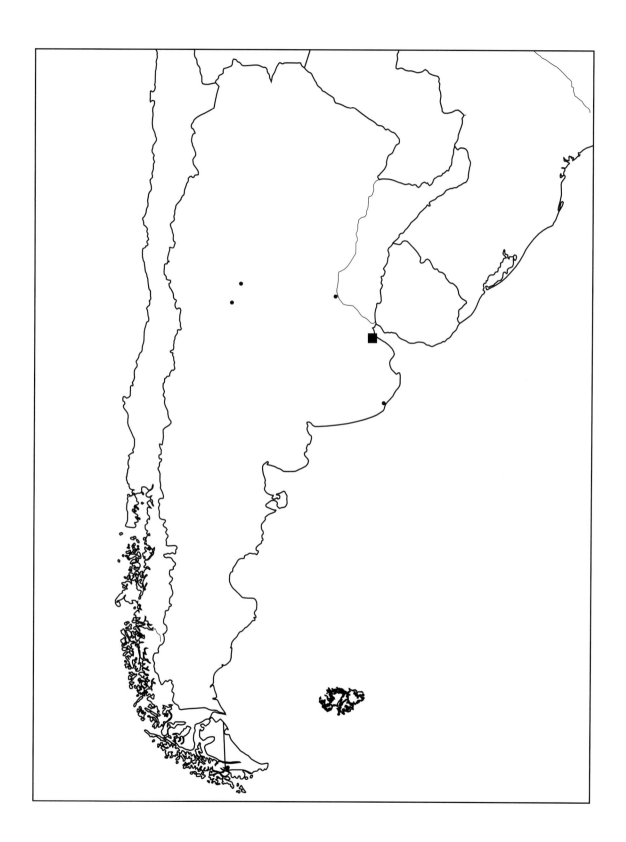

Índice